Handwriting Without Tears®

by Learning Without Tears

AF278439

Writing Journal

Name:

Aa Bb Cc Dd Ee Ff Gg

Hh Ii Jj Kk Ll Mm Nn

Oo Pp Qq Rr Ss Tt Uu

Vv Ww Xx Yy Zz